Marcus Pfister

Schlaf gut, kleiner REGENBOGENFISCH

CARLSEN

Der kleine Regenbogenfisch kann nicht schlafen.
Die Augen wollen ihm einfach nicht zufallen.
Unruhig turnt er in seinem Wasserpflanzenbett herum.

»Ich kann nicht einschlafen«, jammert der Regenbogenfisch.
»Was ist denn los mit dir, mein kleiner Liebling?«, fragt Mama.
»Es ist so dunkel ...«
»Keine Angst!«, sagt Mama. »Ich rufe den Laternenfisch.
Er wird so lange für dich leuchten, bis du eingeschlafen bist.
Schlaf schön, kleiner Regenbogenfisch!«

»Kannst du noch ein bisschen dableiben, Mama?«
»Aber ich bin doch immer bei dir, mein Kleiner.«
»Versprochen?«
»Großes Regenbogenfisch-Ehrenwort!«

»Aber was ist, wenn eine Meeresströmung kommt und mich mitreißt?«

»Dann werde ich dir schneller folgen,
als ein Schwertfisch schwimmen kann,
und dich wieder sicher nach Hause bringen.«

»Und wenn ich mich in der schwarzen
Tintenwolke des Oktopus verirre?«

»Dann werde ich dich suchen, die dunkle Wolke wegpusten und dir den Weg nach Hause zeigen.«

»Und wenn ich vom großen Räuberfisch verfolgt werde?«

»Dann bekommt es der Räuberfisch mit mir zu tun! Ich werde ihm mächtig Angst einjagen und ihn für immer vertreiben.«

»Und wenn ich in die Fangarme einer giftigen Qualle gerate?«

»Dann werde ich dich pflegen, bis du wieder gesund bist. Und die Qualle wird eine böse Überraschung erleben!«

»Und wenn ich heute Nacht einen bösen Traum habe?«
»Dann werde ich dich in meine Flossen nehmen und ganz, ganz fest drücken! Schlaf gut, mein kleiner Liebling!«
»Schlaf gut, Mama«, murmelt der Regenbogenfisch noch, bevor er zufrieden einschläft.